Du même auteur :

Aux éditions BOD

La Câprière
ISBN : 978-2-9534456-5-7

L'enclos
ISBN . 978-2-8106183-0-9

Promenade
ISBN : 978-2-8106173-5-7

La source
ISBN : 978-2-8106179-5-1

Peau douce
ISBN : 978-2-9534456-3-3

L'aveu
ISBN : 978-2-9534456-6-4

Liberté
ISBN : 978-2-8106125-7-4

Femmes
ISBN : 978-2-8106124-8-2

Ma terre
ISBN : 978-2-8106163-8-1

Erotisme
ISBN : 978-2-8106228-7-0

Vivre d'espoir
ISBN : 978-2-8106220-2-3

La naissance
ISBN 978-2-8106254-3-7

Alma mater
ISBN : 978-2-8106271-1-0

Méditerranée

ISBN : 9782322031337

HIRAM

Méditerranée

Poèmes

« Le véritable amour ne vous épuise pas, au contraire, il vous embellit, il vous illumine, grâce à lui vous faites du bien à toutes les créatures, et surtout, vous êtes heureux.

La sagesse ne vous donnera pas le bonheur, elle vous donnera la lumière, la direction à suivre, mais pas le bonheur.

Et la puissance non plus, avec la puissance vous serez peut-être invincible, mais pas plus heureux.

Pour être heureux, il faut se lier à l'amour. C'est l'amour qui rend heureux, mais pas l'amour qu'on va chercher dans les régions inférieures. »

(La pédagogie initiatique tome II)
Jankelevitch Vladimir

« Je crois que le langage symbolique c'est la seule langue étrangère que chacun de nous devrait apprendre. Sa connaissance nous rapproche des origines les plus révélatrices de la sagesse. »

« En vérité les rêves, comme les mythes sont d'importants messages que nous nous renvoyons à nous-mêmes. »

« Il y a assez de tout dans le monde pour satisfaire aux besoins de l'homme, mais pas assez pour satisfaire son avidité. »

« Chacun a raison de son propre point de vue, mais il n'est pas impossible que tout le monde ait tort. »

(Lettres à l'Ashram)
Gandhi

Préface

Hiram, qui es-tu ?

Lorsque je lui ai posé cette question mon ami m'a renvoyé à la lecture d'un poème intitulé « QUI ES-TU POETE ? » écrit en mai 2008 par G.S dit de Beaufort. Une rapide recherche sur ce pseudonyme m'a appris qu'un titre de duc de Beaufort a été porté depuis fort longtemps dans la noblesse française et anglaise.

Il n'y avait là, à mon humble avis, rien de nature à m'éclairer. J'ai donc procédé à une tentative d'analyse du poème pour espérer mieux connaître son auteur. Certains mots et expressions m'ont interpellé :
« Différent,indifférent ; rêve ; pouvoir des mots ; émotions ; amour ; partage ; cœur en recherche ; nostalgie ; passion ; tristesse. »

J'en ai déduit que le sens de ce poème est d'être un message d'AMOUR délivré par son auteur. Il décrit ce que tout homme devrait être après avoir appris à rejeter ce qu'il y a de mauvais en lui. Un être pénétré par la sagesse, elle-même fruit de la raison maîtrisant l'intuition et l'imagination primaires, et de la philosophie ; en un mot, un homme ayant la capacité de construire un temple de vertus !

Hiram est-il cet homme ?

La bible et plus particulièrement les Livres des Rois et des Chroniques nous apprennent qu'il existe plusieurs personnages appelés Hiram. Deux retiennent plus spécialement l'attention.

Le premier est Hiram roi de Tyr. Il a prêté à Salomon des maçons et lui a fait parvenir du bois de cèdre et de cyprès en vue de la construction du célèbre temple.

Le second, Hiram de Tyr, était le fils d'une veuve de la tribu des Nephtali. Selon le deuxième Livre des Chroniques il a été envoyé par Hiram roi de Tyr à Salomon . Il est qualifié « homme habile, doué d'intelligence. » Le roi de Tyr ajoute : « il sait travailler l'or, l'argent, le bronze, le fer, la pierre, le bois…graver toute sorte de gravures et concevoir toute œuvre d'art qui lui sera confiée, de concert avec tes artisans et les artisans de mon seigneur David, ton père. »

Hiram est donc bien selon la légende mythique l'architecte ayant contribué à la construction du temple de Salomon .

Le poète est-il cet Hiram ?

Il est vrai que sur un plan strictement temporel, je connais un expert architecte dont les initiales sont G.S. comme l'auteur du poème . Il a même contribué à la rénovation d'un temple !

Mais si nous nous attachons aux plans spirituels et symboliques, l'invitation du poète à faire de chacun de nous un message d'amour, correspond à la construction en nous d'un temple intérieur, un temple de la fraternité irradié par la lumière, nous permettant de faire triompher Justice et Vérité.
Le poète porte bien le nom d'Hiram.

Il est effectivement celui qui possède la clef de la porte qui nous mène sur le chemin de l'amour fraternel et de la sagesse.

Quelle joie, quel honneur de figurer parmi ses amis !

Jacques Quentin

Je dédie ce recueil « Méditerranée » à Jacques et
Dominique Quentin, amis de longues dates,
pour qu'ils y trouvent, pensées
et sourire de la vie…

La poésie, est nourriture de l'esprit,
comme la culture est source de connaissances.

Hiram

« Je pense, donc je suis... »

Descartes

A Françoise

J'ai rencontré
Françoise
Un soir d'été
Au jeu de la Crapette
Pseudo
«Venimeuse».

Jeu de patience
Par excellence
Ou sa présence
Enjouée.
Est généreuse.

Au clavardeur
C'est l'éloquente
Au grand cœur,
Charmante.
Et patiente
Pour apprendre
Au poète
A placer à cheval
Les cartes
Du talon
Et de la crapette.
Pas mal
Perdu !
Sait aujourd'hui
Lui rendre hommage
Pour son sens d'amitié
Qu'elle croise
Avec d'autres
Amis
Françoise merci.

Le départ

De nouveaux combats
Le sport t'appelle
Tu pars là-bas
Toi toujours fidèle.

L'adversaire fait rage,
Sens-tu cette fureur
Comme un bruit d'orage ?
Entends-tu ces clameurs ?

Quand elles se déchaînent
Après tant de lutte
Tous ces flots s'égrainent
Toi, relevé des chutes

En toutes saisons
Vivre sans gêne
Retrouver ta maison
Pour une vie sereine

Aux heures de tristesse
Ou l'humble vie
Jamais ne cesse
Ce que nous avons eu envie

C'est d'une vie sans épines
Mon cœur tout parfumé
Tu n'en cueillis pas la fleur divine
Tant elle fut oubliée.

Laisse le combat
En homme généreux
Reviens de là bas
Avec un cœur joyeux

Le père désormais vieux
Ne veut de toi
Que ce qu'il y a de mieux
Pour toi, de lui, souviens-toi.

Les hommes

Certains,
Naissent, vivent,
Meurent en souffrance.

D'autres,
Plus discret
Existent dans le secret.

Ceux, qui
Rêvent de vedettariat
Vivent sans anonymat.

L'apôtre,
Cherche le bonheur,
A combler son cœur.

Les mesquins,
Ont du mal de vivre
Cherchant qu'ont les délivrent

L'individu
Ne sachant pas aimer
Difficile à apprivoiser.

La femme
Sous belle capeline,
Cache ainsi sa vie féline

Homme ! restez
Vous-même
Pour qu'on vous aime

Vous, dont la vie
N'est que message
Laisser de votre passage

Ce pardon,
De vos humeurs
Est la beauté de vos cœurs.

Que mots, que mots !

Sur mon clavier
Triste comme mois de janvier

S'inscrivent
Dans mon cœur, dérivent

S'égarent
Comme fleurs au square ?

Mots blessants,
Transpercent mon cœur aimant,

Amères paroles
Que du coupable s'envole,

Ne reste que la peine
Certaine.

Oh ! gaieté frivole
Que jamais une voix console

D'un pardon
Espéré du troublions.

A toi coupable
De ces mots misérables

Reçois cette fleur parfumée
De mon cœur déchiré

Et de mon âme,
Ces mots, je le proclame

Sont oubliés.
Seul une larme égarée

A mes yeux,
En garde le rouge feu.

Laissons le passé

Laissons le passé
Au souvenir,
Regardons l'avenir
Avec sérénité
La vie est si belle,
Pour n'en perdre
Aucune parcelle
En pisse vinaigre.

Le passé, vécu
Dans les erreurs
De jeunesse,
A donné à la vie
Des joies, et des bonheurs
Inattendus.

Laissons le passé
S'envoler
Sans regret.
Les années restantes
De la vie
Ont de nouvelles envies
Différentes.

Laissons le passé
Des désirs,
Offrons-nous
Un dernier bouquet
D'amour
A nos jours
A venir
Et filer les années.
Que pour nous.

Causerie avec soi

Ecrire, un plaisir !
Faut-il être en délire ?

En tête-à-tête avec des idées
L'esprit est fertilisé

La complainte
Succède à la crainte

Aucun mot ne s'impose
Tous se proposent,

Et comme nœud de vipère
Les sentiments s'interfèrent.

Discipliner un thème
Est parfois un dilemme

Ecrire, est le désir
De dire avec grand plaisir,

Des expressions choisis,
Ce que mon âme à envie

D'exprimer au gré
De ma fantaisie éclairée.

Je cause avec moi-même,
Jamais ne blasphème.

Pensées de CXXII à CXXVII

Pensée CXXII

Si les vieux chênes pouvaient raconter ce qu'ils ont vu, et les tableaux ce qu'ils entendent, les hommes seraient peu fier.

Pensée CXXIII

Un texte bien construit, est une puissance de l'esprit.

Pensée CXXIV

Les grands du monde politique, au non des peuples déclarent les guerres, mais meurent dans leurs lit.

Pensée CXXV

La poésie, est l'âme de l'homme libre et la liberté des peuples.

Pensée CXXVI

Le départ des anciens, rapproche les cœurs, et les nobles sentiments bien souvent trop tard…

Pensée CXXVII

La démocratie est le « bordel » de la république et la république en a besoin….

Pensées de CXXVIII à CXXXIII

Pensée CXXVIII

Le mensonge perd la confiance

Pensée CXXIX

La déception engendre l'indifférence

Pensée CXXX

Emprunter, c'est demander
Voler, c'est emprunter sans demander

Pensée CXXXI

C'est hors de sa maison que l'on en apprécie la chaleur

Pensée CXXXII

Les amis, sont des papillons butineurs de fleurs d'argent

Pensée CXXXIII

L'amour est d'autant plus volage que parfois s'envole
comme une image poussée par le vent de l'amour

Nuit de mes rêves

Nuit de mes rêves
Le jour,
M'éveille
Au soleil.
Je vis
La vie
Au jour
Le jour,
Et dans sa
Course folle
M'envole.
A l'harmonie
Des jours.

Les mots
S'entrechoquent
Provoquent
Des ondes négatives
Mon âme
Brûlante
Dans ce voyage du jour
S'afflige
D'une vie
Sans amour.

La nuit !
A la douce
Lueur diaphane
Des étoiles

Mon âme
Vit une
Autre vie.
Sans voile.

J'en consume
Les souvenirs,
Des désirs
Oubliés,
Souvent perdus.

A ces instants
Fugaces,
Que sont les rêves ?

M'abreuve
A la source
Des intimes mots
Retrouvés.
A cette volupté
Mon âme fuit
Au bonheur
Velouté
D'une nuit
De veille,

Heures, vermeilles
Où j'embrasse
L'éternité.
Le temps
Et l'espace
Ne faisant qu'un
Avec mon corps

Et mon âme,
La nuit
M'englouti
Comme un beau fruit.

Le jour,
Ont subit la vie,
La nuit,
Ont la vit.
Délivré de la déferlante
Du jour,
Et quand mes yeux
Se ferment
Sur la frémissante
Nuit,
J'ai eu le meilleur
Du bonheur.

Pensées de CXXXIV à CXXXVII

Pensée CXXXIV

En informatique le virtuel est plus fort que le réel. Le virtuel libère la timidité le réel la fortifie. Le virtuel donne à l'esprit sa totale indépendance. Le réel la contraint par civilité de société. L'informatique, une technique de libération faisant une large place au mensonge. Sur le plan technique une révolution incommensurable de connaissances.

Pensée CXXXV

L'humanité ne se différencie que par le sexe et la pensée.

Pensée CXXXVI

La démographie et ses conséquences obligent les hommes de la planète terre, à chercher ailleurs une planète de rechange pour les hommes du futur, qui ne sera jamais aussi belle. Souvenez-vous-en.

Pensée CXXXVII

La justice ?….Le droit de tuer
Le droit de savoir
L'injustice légalisée
L'incompétence caractérisée

Fleurs de la pensée

Vous avez
Fleuri
Mes pensées
Sans en profiter,
Elles furent un cri
De regrets
Comme au champ de blé
Un certain jour
D'amour.

Les fleurs
De mon jardin
D'hiver,
Jusqu'aux étés
Des matins,
Tristes, sans couleur,
Ont frissonnées
Mon âme.

A l'automne
D'un hiver.
Sans bonheur.
Désolé,
Demain,
Au chemin,
Des allongés
Les fleurs de la pensée
Faneront
Ne seront
Plus qu'un souvenir
De mes désirs.

L'absent

Il pleut
Sur la route
Comme dans
Mon cœur
Je redoute
Cette solitude
De septembre
Qui va prendre
Un autre tournant
D'habitude.

Mon cœur
Est chargé
De larmes.

Dans la maison,
La vie avait
Son charme
Malgré
Les fureurs
Oh ! Pas de moi
Elles n'ont jamais
Etaient de mon choix.
Ni dans mon cœur

La vie est un destin
Qui nous trace
De nouveaux chemins,
Ce soir le mien

Est de solitude
En face
D'une nouvelle
Et cruelle
Certitude

O ! Poête
Pleure
Ta solitude,
Que demeure
Dans ton cœur
Les gestes d'amour
Qui ont été les tiens
Sans conteste.
De certitudes
Modestes.

Dans la nuit
Sombre
Et profonde
Mon âme fuit
Cette absence,
Dont l'ombre
Est devenue
Une présence
Comme une onde
Vivante et nue.

Non je…

Non, je
Ne suis pas secret,
Bien le contraire,
Suis discret
Pour éviter d'être
Brocardé
Oui je n'ai pas donné
Mon écriture
Pour éviter une lecture
A plein vent
Tant je connais les élans.

Non je
Ne suis pas
Secret
Pourtant
J'en eu le désir
Bien souvent
D'en donner
Lecture à subir
Les fleurets
De la «vis comica».
Me suis préservé
Des quolibets

Non,je
Ne suis pas secret
Mais discret
Au verbe trop riche
Rien ne s'affiche
D'éloquent
Le plus souvent.

Je me souviens

Je me souviens
Des temps anciens
Ou la vie était belle
Ou les demoiselles
Avait un langage
Bien sage.

Je me souviens
De la beauté des jours
De la force de l'amour
Aux mots si jolis
Aux lèvres de la jeunesse
Sans jamais de tristesse.

Je me souviens
De ces rires éclatants
Débordants d'envie
Sans dégoût de la vie.

Je me souviens
Des fleurs de Mai
Blanches et odorantes
Offertes aux belles
Des étés
Aux yeux d'amandes.

Au soir de mes ans
Je me souviens
De ces jours d'antan
En style d'or, s'enfuir
A jamais, s'évanouir.
En ombre infidèle.
O! Mémoire fidèle
Tu as nourri mon âme
De cette flamme
Perpétuelle
Dont je me souviens…

La maison du poète

Souvenez-vous
Des temps fous
Ou nous cherchions
Une maison
Puis un jour la chance
Est venue jusqu'à nous
En renaissance.

La vie et le décor
Allait changer encor
Souvenez-vous toujours
De cette maison
Qui abritât
Vos premiers ébats
Souvenez-vous
De ce qu'elle vous a donné
Et non de ce qu'elle est.

Le passé nous a brisé
Ici le futur a échoué
N'oubliez jamais ce temps
A la maison mal aimée
La maison du poète
Vous y êtes nés adultes
J'y ai pensé culte.

Elle ne fut pas parfaite
Mais abrita votre jeunesse,
Vu ma vieillesse.
En cela mérite votre
Souvenir comme votre
Reconnaissance
Sans médisance.

Songe d'une âme

O ! âme divine,
De mes larmes tu embaumes.
Ce que mon cœur devine.

De quel métal es-tu donc coulé ?

Pour qu'en somme,
De mes peines soulagées,
De la flamme des cieux.
Vous, héros de ces lieux
Faites pleurer mes yeux,
La nuit de mes songes
Ou mon âme se ronge
A vouloir vous exalter
Et tous vous embrasser.

Jours d'automne

Journées d'automne et de pluie
De couleurs et de boue
Le temps s'est endormi
Dans la saison, et je vous loue.

Aux jours inondés de soleil
Dans mon cœur a succédé
Ce savoureux temps de miel
Dans mon âme, la fin d'un été.

Les heures du sablier d'horloge
Où les longues nuits se jouent
Du temps qui passe, le rouge-gorge
Des taillis sautille devant nous.

J'aime ce temps des frimas
Aux chatoyantes couleurs
De saison, au doux climat
Rien n'est plus chaud à mon cœur.

Que ces premiers jours d'automne
Plein de vent et de pluie glacée
Quand mon esprit s'abandonne
Aux blafardes lueurs embrumées.

L'hiver, des ténèbres froidures
Bientôt dans nos bois et prés
Le vent claque dans la nuit obscure
Et mon corps frisonne, drapé

De langueur suave et monotone
Je songe aux temps des nuits,
Et de ces jours d'automnes
A me laisser bercé de douce pluie.

Pèlerin du temps

Pèlerin
Du temps en chemin
Oh combien lointain !

Des instants,
De tous les moments
Du temps.

De la vie
De mes envies
De mes soucis

Du temps attendu,
Entretenu, suspendu
Au fil du temps perdu.

De ce temps exclu
D'une vie conçue
A vivre un temps disparu

J'ai couru
A la folie des rues
Chercher l'amour foutu

J'ai goûté
Au temps chaviré
De l'amour désiré

L'instant du temps
Est d'être content
Du temps qui passe devant

Aujourd'hui le temps
Ne compte plus, j'ai l'an
De mes vieux ans.

Que le temps qui me suit
Dont je cours avec lui
Jour et nuit.

Le temps est maître
De nos destinées à n'être
Que son esclave peut être.

Pèlerin du temps
J'ai peu gagné de temps
A courir avec le vent

Un coup devant
Un coup derrière souvent
Toujours papillonnant

A chercher du temps
A vivre, autrement
L'instant.

Un pied derrière, un pied devant
Sur les chemins d'antan
Moi, pèlerin du temps.

N'être jamais seul

La solitude
N'est pas une habitude,
Etre seul
Sans songer au linceul
Oblige à nourrir le cerveau
De jolis mots
Et de chants d'oiseaux.

Un bouquet de glaïeul
Change la raison,
Le cœur rassemble
Tout ce qui nous ressemble.
Notre âme a le désir
D'un vrai plaisir.
De petit garçon.

Piaffer de déraison
A écouter
Les maux de cheval,
En aval
De nos vies d'antan,
Est moins valorisant
Que d'entendre
Un ami.
Investi dans la poésie.

Et de ton cœur vieillissant
De tes vieux ans
Fait comme l'aigle du vent
Regarde en avant
La vie qui se déroule
En bas dans la foule.

Si ton corps frémit
Encor de passion
Des beautés de la vie
Laisse toi emporter au poison
De l'amour
Même pour un jour.

Ne rougit pas de tes songes
Erotiques
Ils sont le fruit du mensonge
Chaotique
De la nuit ou tout seul
Tu rêve de n'être plus seul.
Hélas, plus courageux
Au chemin creux
Du bord de l'eau
Où ton esprit est la haut.
Qu'au temps ou tu n'étais pas seul
Et sans écueils.

Comme un roc
Dans la tempête de l'orage
De ta vie
Dans le fracas des chocs
D'écumes sauvages
Libre de ta pensée
Tu n'es jamais seul.
Ton intérieur silencieux
Est un bruit tumultueux
Sans austérité
Sans partage, ni otage
De la vie en rage.
Voilà le temps cruel vaincu
De n'être plus
Seul le jour venu.

La cimaise

Aux murs quelques toiles
Fleurs et marines
Sur mer et sans voile
Comme rêverie illumine
Ici ou la vie s'en va
Ailleurs, je ne sais ou, la-bas
Ou pleure le vent
Des souvenirs d'antan.

Etrange atmosphère
Me laissant entrevoir
Ce vertige éphémère
Des jours et grands soirs
Là, sans ne faire aucun pas
D'un retour sur moi-même
Sans aucun stratagème
Ici, le chemin parcouru
Ne m'agresse pas.

Dans le bleu des teintes
Mon âme divague
En une douce étreinte
Comme une caresse non feinte
Et dans la symphonie
Des couleurs d'harmonies
Allant du sombre au clair
Les fleurs font concert.
Apportent au regard captivé
Un moment de félicité.

Quand tout est vu, on veut
Encore voir à la cimaise
L'œuvre de l'artiste feu
En découvrir l'exégèse.

Poèsie, libre expression

La poésie
Ecriture du cœur
Que la vie
Forge de ses heurts
De ses moments
Les plus doux
Jusqu'aux plus amers.
Des bouts de vie
Que les mots laissent
A la postérité
Pour le reste de la vie
Soit en liesse
Soit en puissante aménité
Une libre expression
Une histoire de soi,
Une respiration
Avec soi.

La poésie !
Délire de l'âme,
S'enflamme
A soulager le cœur
Parfois dans la fureur
Des mots
Souvent appassionato.
Ayant ses effets
Dans le message
Sur des faits de rages
De vérité
Non dissimulée.

Oui à la vie

La vie !
Un bouquet
De mille fleurs
Dont chaque couleur
Est la lumière
Vivante en chaumière,
Sans que le vent
Des tempêtes
Ne vienne en éteindre
La flamme.

Quand elle entre en guerre
Elle perd son charme
De naguère,
Notre âme
Pleure sa misère.
Plus de lumière,
Plus de vie, c'est le noir
Des soirs.

J'aime ces matins
Clair ou la vie n'est rien
De plus qu'un instant,
Un frémissement
Du temps qui passe,
Sans que je me lasse
De vivre ce destin
Oui à la vie.
Ainsi va la vie,
A l'horizon du temps

Docteur, miracle,

Un jour d'automne
J'ai rencontré
Dans ma contrée
Le docteur miracle,
Un oracle
De la faculté.

Encor je m'en étonne
Elle voulait
Me remplacer la cornée
Pour me rendre plus belle
Vue, dit-elle.

Je pourrais
Ainsi mieux voir,
Lire le soir
Trois dixièmes à droite
Trois dixièmes et demi à gauche
Il faut que j'opère
Petit père.

Je lève la cornée
J'injecte quelques goûtes
Qui se solidifient
Vous entrez en matinée
C'est fini.

J'écoute.
Les yeux grands ouverts
La litanie du concert

Et je doute
De la faculté
A me rendre des yeux
De feu
Avec une prothèse.

A me voir étonné
Alaise,
Me rassure
Voilà, petit père rajeuni
D'un petit coup de bistouri
Je vous assure
Retrouver votre vue
Disparue

J'en perds définitivement
La vue assurément
Si vous voulez voir clair,
Faites remplacer votre cornée
La faculté, en un éclair,
Avec une prothèse
Vous re donne l'acuité.
A l'aise.

Acrostiche 17
(Docteur miracle un oracle de vérité)

Devinez
Obéissez
Comme
Toujours
En enfant sage à l'
Univers
Radieux des

Médecins
Ils sont-le
Réconfort
Assurément à re
Construire votre
Lamentable vie dans un
Eldorado

Une nouvelle
Naissance

Obligée,
Reconnue
Absolument
Calibrée par
Le caducée, baguette
Entrelacée

De deux serpents,
Enlacés pour un

Verbe
Eclairé, parfois
Rabelaisien
Illustré de
Tendres touches
Eloquentes empoisonnées.

Tautogramme 1
(Médecin Miracle)

Mon médecin
Ma ausculté les yeux.
M'a promis
Moins de
Mauvaise vue,
Mais il faut accepter
Mon diagnostic dit il.

Me dire en toute
Modestie, votre
Motivation à
Mon intervention.
Maudit soit qui
Mal y pense, aux
Magiques effets de
Mon opération.

Médecin miracle
Mécène des techniques sans
Mensonge au
Mérite de qualité, croyez
Monsieur au message de
Ma mission.

Me voila rassuré par le
Magique magicien, demain
Mes yeux, inondés de lumières
Moirées, grâce à l'oracle
Miséricordieux du
Médecin miracle.

Mais croyez aussi qu'il
M'incombe de protéger
Mes yeux
Malgré la technicité
Mon regard ne.passera pas par la
Matière optique
Même spéciale.

Pensées CXXXVIII à CXLIII

Pensée CXXXVIII

L'homme pantin devant les religions clown devant Dieu

Pensée CXXXIX

La solitude n'est agréable que lorsqu'on l'attend…

Pensée CXL

La faiblesse des uns est la force des autres

Pensée CXLI

Trahir la confiance, c'est mordre dans l'âme et le cœur de l'amitié

Pensée CXLII

Soyez riche, vous aurez de l'aide, mieux vaut planter un clou qu'écrire…

Pensée CXLIII

Illusion ! souffrance mentale de la vie.

Vérité ou je mors
(La vague des vérités)

Pourquoi faut-il ?
Que l'âge
Ait toujours tord
A ce profil
Du vieil
Héritage
Cruel
Des ancêtres
A la réalité
De la vie décharnée.
D'un adage
Dans le temps millésimé.

Souvent je mors
A l'envie de vérité.
Et si j'entends
D'elle un appel
Au combat,
Alors sur l'autel
De la sincérité
J'engage la vendetta.

L'âme blessée
Nerfs tendus
J'ai soif de vérité
Poussé
Par une force intérieure

Comme la pieuvre
Je bondis, je mors
Comme l'alligator

Je tourne, retourne
Chantourne
Dans mon âme
La blessure
Infâme,
Alors
Déchiré, je mors
Pour la vérité..

L'âge a son équité
Ma colère sa raison
L'un, mérite sa justice
L'autre sa passion,
L'un, pour suivre les années
L'autre son rayon
De soleil pour la vérité.
Les deux aboutissent
Au poète d'émotion

Si vous me cherchez
Vous me trouvez
Toujours face à la vérité
Ou je mors.
Sans avoir le tord
D'être muscat…

N'accusez jamais l'âge
Pour le combat de vérité
Elle a son âge
Comme les vieux sages
Leur aréopage
Au sein de la société
La vérité
Mérite d'être glorifiée.
Même par le vieux
Qui pour sa vérité, mors
Non baveux, mais joyeux
Ici et sans débat..

Le souci, un ami

Le souci,
Fleur orangée
De l'été
Devenue un ami
Un bonheur
Dans mon cœur

Si en chemin
Je le rencontre
Ce n'est plus
Une ombre,
Mais un ami,
J'en respire
Son parfum
Oublié, perdu.

Il n'est plus chagrin,
M'attire
M'emporte
Loin des ennuis.
Disparus.
De ma vie

Redevenu un ami
Me sourit,
De son éclatante lumière
M'offre
Parfum sans soucis

Sans pleur
De misère
M'étourdit
De délicate tendresse
Sans tristesse.
Pour les jours
De mes jours.

Le temps et l'instant

Le temps
Est l'instant
Du moment
Inexistant
Dans le temps,
Car l'instant
Est fugace
Dans l'espace.

Le temps
Echelle
D'éternité
Que l'homme
Gravit
Tous les jours
Du temps
De la vie,
Comme
L'espérance
A retrouver
Toujours
Le temps qui court,
Alors qu'il ne vit
Que l'instant
Du temps.

Le temps
Incommensurable
N'existe pas,
Fugitif instant

De nos pas
Dans l'instant du temps,
Irrécupérable,
Indissociable,
De l'instant
Dont il est
Le mouvement
De l'idée du temps.

Le temps se perd
Dans l'espace
Inexorablement
S'écoule à l'horloge
Du temps
Du passé vers
Le présent
En mesure des instants
Du temps

L'instant
S'oppose au temps
N'ayant rien
De commun.
Chacun,
En vitesse
Et lieux différents.
Le temps,
Est le futur présent.
L'instant
Est un présent
En liesse.

Signe de la vierge
«Je pense donc je suis » Descartes

L'homme (sans complaisance aucune)

De tempérament nerveux délicat à réaction complexes et multiples.

La plus petite chose pouvant avoir la plus grande importance mais craintif.

Une vision claire de la vie, dont il devine parfois le tragique, pèse jauge l'aventure de la vie, réfléchit passe au crible l'idée avant d'agir.

A d'instinct la réalité de la vie, une morale appliquée avec un désir profond de culture et de perfectionnement moral dans un sens pratique pour faire face à toutes les situations.

Doué de milles et petites qualités utiles à la vie quotidienne, fièvre subite du rangement et de propreté.

Signe le plus riche du zodiaque.

Danse sur un volcan avec un sens aigu du devoir, honnêteté scrupuleuse rectitude du caractère émotif.

Qualité de sensibilité, d'humanité qui le rende agréable. Intelligence fine, curieux de toutes choses, observateur minutieux..voit clair sans le secours de l'intuition, la logique est son guide.

La femme (pratiquement identique avec en plus..)

Le goût de la toilette sans fantaisie audacieuse, de coquetterie délicate plaît par sa simplicité.

Discrète, effacée derrière son mari, réservée, disciplinée avec pudeur et chasteté timide.

A le sens du devoir et de ses responsabilités comme l'homme, excellente femme d'intérieur sachant organiser sa vie domestique.

Parfois « popote » même tatillonne et moraliste très attachée à la syntaxe du verbe…

Si l'ambivalence est en elle peut avoir un comportement complexe il existe alors un conflit.

Ingénue ou libertine, diablesse, ermite, ange ou démon débauche ou pureté..

Conclusion

Le domaine où brille le type de la vierge est la pensée l'action et les arts terminons avec Boileau

Rien n'est plus beau que le vrai, le vrai seul est aimable.

Solitude et habitudes

Construire sa solitude
Oublier ses habitudes
Pour une nouvelle vie,
D'où naissent aussi
De nouvelles manies.

Oh ! Solitude,
Des nuits d'insomnies,
De rêves, en habitudes.
Que de sourires perdus,
Que de soirs interrompus
En plein espoir de vie,
Le cœur a le mirage
D'un merveilleux visage.

Alors, les yeux fermés,
Tous les objets présents
Dansent dans ma tête
Comme les jolies fêtes.
Des jours d'antan,
Sans solitude, ni habitude.

De ces jours assoiffés
De longs souvenirs
Aux nuits encombrées
De mes riches désirs,
J'arrache aux vaines nuits
Ces heures impies

En fontaine de larmes,
A vaincre de mes armes
Solitude, et habitudes.
Ni douces, ni choisis.
Simplement une épreuve
Comme un roman fleuve.

De nos enfants..

Nous faisons tout
Pour nos enfants
Enfin presque tout
Et pourtant
Nous ignorons tout
De ce qu'ils seront
Dans vingt ans.

Enfants nous adorons
Ces bébés mignons
Ils font de nos jours
Ces heures d'amour
Que nous imaginons
Durer la vie entière
Du moins sans mystère.

A l'adolescence
Fini la petite enfance
L'homme se construit
Autant qu'il détruit
Refusant tous conseils

Espérant en leur éveil
Edifier leur avenir
Refusant l'expérience
Du passé pour bâtir,
Parfois avec violence.

Ce que leur refuse
Les pères en politique
Féru de statistiques
Et aussi s'en amuse
Les parents inquiets
Ont conscience
De leur souffrance.
Fini la belle enfance.

Acrostiche 18
(Sophie)

Souvent
On se rencontre
Pour des échanges
Heureux
Inspirés et
Embellis

De nos
Inspirations
Toujours
Empreintes de

Tolérances
Intellectuelles, sans
Tâche ni
Ecarts désagréables. Nous.

Revoir est un plaisir, une
Offrande à
Saisir, toujours
Effacée sans

Abandonner
Un petit

Jeu
D'esprit
Cordial affectueux.

Le temps qui passe

Est celui qui enlace
Le temps des souvenirs
Accumulés en liasses

Le temps des désirs
Oubliés à jamais,
Sur le temps du devenir

Du temps nouveau, et
Pour le temps des temps
Eloignés des ans passés.

Celui du vieux temps
Des généreuses folies
Sur les ailes du vent.

Je pense souvent aussi
Au temps de l'amour
A celui de mes envies

Au vent léger toujours
Resté en mémoire
Du jour de mes jours

Sans histoire, boire
A la coupe de la vie
Au temps provisoire

Du temps qui passe.
Ce sont les heures
D'un moment de l'espace.

Temps, des leurres
Passés comme du temps
Des fureurs mineures

Je n'ai pas vu le temps
Passé, tant il a filé
Derrière comme devant

L'horloge a égrené
Le temps de jeunesse
Si vite, qu'il m'a brisé.

Pour le temps qui reste
Du temps d'allégresse
A mes ans, encore leste.

Le temps des faiblesses
De celui qui reste encore
A donner ses largesses

A mon esprit, qu'arbore
Mots et verbes sans limite
Au miroir qui les explore,

Le temps qui passe crépite
Ici et maintenant
Pour les jours qui m'habitent.

La force des mots

Les mots
Donnent à la pensée
La force
Des idées exprimées
A parler haut.

Forgent
Dans notre esprit
La mémoire
Des choses de la vie,
Interrogent
La raison, ironie
Qui s'écrit
Avec des mots
Nouveaux
De mots en mots.

La force des mots
Créent la richesse
Des cultures
Que serait elle
Sans les mots ?

Les mots
Poésie naturelle
Chantent
A nos oreilles
Comme le piano

Charme
Nos sens, de leur
Envoûtante
Musique
De sons magiques.

Les mots
Espoir et désespoir
A tous les soirs
De nos vies
Semences
Vigoureuses
Et généreuses
Parfois aussi
Perfidie
Dans les cœurs
Comme dans les âmes

Quand ils sont
Employés
Pour asservir
L'humanité
Leur force à dont
De démolir
Sans amour ni
Force de vie.
La rime est brisée
Et le mot
Mal inspiré
Perd la force de son
Intérêt.

La force majeure
Des mots
Est sans gageure
Un beau pari
Au murmure
Si doux
Comme un Voyage
Sans visage
Au cœur de la nature
A la force des mots.

Ainsi va la vie
(Rien de rien)

Non, rien de rien
Je n'ai plus rien
J'ai perdu mon chemin
Celui de mon destin
Et pourtant je me souviens
De ces beaux matins
Ou main dans la main
Nous voulions aller loin
Avec cet espoir du moins
Avec l'envie et un grain
De folie sans chagrin.

Ainsi va la vie.

Les espoirs vont
Et s'en vont
Tout se fond
Dans le tourbillon
De la vie, oublions
Le temps des troublions.
Marchons marchons
Pour vivre en fonction
De ces imperfections
De la vie, ses raisons,
Et généreuses pulsions
Nouvelles, en maison.

Ainsi va la vie

Dans un autre paysage
Tourner une page
Pour un autre rivage
Donner à cette image
De la vie qui ravage,
Un grand courage
Sans autre dérapage.
Ni même en partage.

Faire de ce désavantage
Non un douloureux garage
Mais un apprentissage
Pour une vie sans orage.

Est ce là un équilibrage
De la vie, un sauvetage ?
Non, un juste élagage
De douleur sans langage,
Savoir faire ce passage
De la vie aéropage
En solitude de départage.

Ainsi va la vie
Des hommes d'ages.

Pensées CXLIV à CXLIX

Pensée CXLIV

Illusion ! souffrance mentale de la vie.

Pensée CXLV

L'E.N.A, (école nationale d'administration)
École ou les élèves entrent sans âme, en sortent sans cœur.

Pensée CXLVI

Aux âmes propres, le vide des anciens, rapproche les cœurs quand les grands événements de la vie, font ressortir les sentiments…

Pensée CXLVII

Rendre service, c'est donner généreusement un peu de soi…

Pensée CXLVIII

Rien n'est plus beau que le vrai, le vrai seul est aimable

Pensée CXLIX

Quand le fond naturel est fait d'amour, il s'inscrit à tout jamais dans le cœur de l'homme.

Sur les ailes du vent

Je n'ai plus le temps
Du temps
A aller avec le vent
Courir devant
Non je n'ai plus le temps
De suivre le vent
Du temps.

Il faut pourtant
Que dans le temps
De mes vieux ans
Dont il reste peu de temps,
Je puisse, avant
Que l'horloge du temps,
Efface mon mouvement,
Suivre le vent du temps.

Oui je n'ai plus tellement
Du temps,
Le vent du temps
Eloigne de moi en fragments
De tornade, dans
Le silence du temps
Naissant,
Chaque jour de mes ans,
Le temps restant.

Et sur les ailes du vent.
Dans l'ombre du temps
L'envie du vent
Encor présent
Dans l'absolu temps.

Même si je n'ai plus le temps
De mes jeunes ans
Je suis porté par le vent
Du temps.
Mon âme file au firmament,
Lentement
Comme à goûter le temps
Qui devant,
Trace l'espérance du temps
Partiel suivant.

Ou dans un souffle de vent
Le temps s'étire nonchalant
Lent, immuablement lent
En feu follet du temps.
Sur les ailes du vent.

Violence contenue

Parfois
En moi
La violence me ronge
Comme l'éponge
Pompe l'eau
Je songe
Alors aux mots
Des maux.

Le cœur déchiré
J'ai peur
De moi.
Je dois
Faire le choix
Eclater
En violence
Ou me maîtriser
En silence.

J'en contiens
Les effets
Cherchant
Dans mon esprit
La clémence
Et ses bienfaits.

Perdre sa sérénité
Pour une violence
N'est pas vérité.

Mieux vaut
L'indifférence
Que mots vilains.

Demain
Sera un autre jour
L'amour
De son prochain
Vaut bien
La violence contenue

Une nuit d'hiver

Que regardez vous
Mon ami,
Me dit elle !

Le ciel
Lui dis je,
La nuit est si belle
Je pense à vous
Demoiselle
Qu'y puis je ?

La nuit
A son ombre,
Le jour sa lumière
Je sombre.
Sans misère
Dans l'immensité
Etoilée
J'associe
Nos pensées.
Chère amie.

Le ciel est dans
Notre âme
Quoi de plus céleste ?
Que cette
Flamme
Au firmament
Naissant

Rien ne m'est
Plus doux
Cher ami
D'être là avec vous
Le soleil du jour
Ignore
Voyez vous
Ce que j'adore.

Vous bien loin
Moi si prêt
Vous parlez aux cieux
Je plonge
Dans vos yeux
Soyons heureux
Et je songe.
A ce qui nous ressemble
Donnons ensemble
A la nuit
La beauté
D'être si tendre
A nous comprendre.

Pensées CL à CLV

Pensée CL

La patience est une qualité offerte à l'amitié.

Pensée CLI

Espérer, c'est presque déjà recevoir…

Pensée CLII

Si la peine reste enfermée dans nos cœurs, la vie continue à la vitesse de l'horloge du temps, dont nous n'en maîtrisons pas la durée.

Pensée CLIII

Les mots n'ont de valeur que ce que les hommes leurs attribuent.

Pensée CLV

La vie ! à son maître, la mort est son corollaire.

Un rayon de lune

Né de la nuit
Quand le soleil fuit,
Sur dunes
Aux reflets brillants,
Sur vague d'argent,
Suis importune.

Venant
De l'olympe
Je grimpe,
Je glisse,
Par interstices
Indiscret,
Pénètre
En fenêtre
Cherchant
Fortune
A la nuit brune.

Dévoilants
Les secrets
Sans regret.

Je réveille
Amoureux
Dans les chemin creux,
Fais fuir
L'oiseau des futées,
La biche à l'orée
Des bois mouillés.

Sans m'avertir.
Ma mère
La lune,
Soleil de la nuit,
Solitaire
Nocturne,
M'entraîne,
Me cache,
A l'ombre
Des branches
Alors m'épanche
Et m'assoupit
A l'aube qui souri.

Un vent d'espoir
(A mon ami Greg)

La vie
Pas toujours
Un fleuve tranquille
Fragile
Quant à l'horizon
L'amour
Est une sombre
Liaison
Entre espoir
Et désespoir
Une ombre
A la vie.

Un funambulisme
Au rythme
Des jours d'espoirs
Pour des soirs
De désespoirs
De l'un à l'autre
Glisser
A tous les instants
Sur ce fil d'acier
Où se mêle
Ces frêles
Moments
De visage tendu
Des nuits perdues.

Chercher en soi
Le meilleur du moi,
Pourquoi
Ce vide
Acide
Pour les autres,
Quand la vie
Va de l'un à l'autre.
Espoir d'un jour,
Désespoir d'une nuit
Sans amour
O ! Utopie.

Vouloir
Repousser au loin
Le désespoir
Voir venir enfin
Un vent d'espoir
En attendre
Sa tendre
Douceur
Dans le cœur,
Et dans l'âme
Une nouvelle flamme.
D'espoir.

Du désespoir
Né l'espoir,
Quand, nous
En puisons
La force
Du vent
En nous.

Alors s'amorce
L'espoir
Comme l'amour en nous
Sans confusion
Ni désillusion
C'est alors la fête
C'est la fête
D'un vent d'espoir.

C'est quoi la vie ?

Pour l'homme !
Un seul instant
Au vélodrome
De la vie
Une course
Sur le temps.

Au printemps
Le monde
Est un espoir
Immense
Des matins
Et des soirs
Sur le chemin
Des envies

L'été on grandit
On danse
Sur un air de valse
Rien ne lasse
On s'oublie
A l'éternité.

Un matin
Arrive l'automne
On s'éveille
La valse terminé
On pouponne

On s'use
On s'amuse
Moins,

Voilà l'hiver
Le temps
Du bilan
Des regrets
Ou des remords,
Le monde
Change
Une nouvelle jeunesse
Remplace
La vieillesse
La vie recommence
C'est la ronde
De la vie

Alors c'est quoi la vie ?

Peu de chose
Une valse
Une dernière rose
A offrir
Avant la pose
Et mourir
En poésie
Sans chanson, ni.
Dédicace.

L'épave

Comme un vieux bateau
J'ai échoué
Au fond de l'eau
J'ai habité
Un vieux navire
Pour y abriter
Ma mémoire.

Dans ce paysage
J'ai déposé
L'image
De mon passé,
Mêlée
Aux bois
Pourris,
Voir se dissoudre
En poudre.

Le navire
Ballottait ma pensée
Sans séisme,
Ivre de souvenirs
Etoilés, noyée
Dans un océan
D'abîmes.

Je me suis accoudé
Un instant
Au bastingage

Espérant,
Avoir un soutient
A mon vieil âge.

Hélas, tout s'est écroulé
Amour,
Souvenirs,
Et rêves brisés,
De mon cœur
Souffrant,
Me diluant
Comme une ombre.

O extase
Je sombre
Dans la vase
Des profondeurs,
Ecrin
De toutes les beautés
Des flots marins.

Jusqu'à l'oublie
D'une vie,
Offrant
Aux crustacés
Poulpes et méduses
Ces vers échappés
De Cassiopée
Muse
Des cieux,
Aux flots céans.

Acrostiche 19
De Musset à George Sand…..

Décliner l'amour
Etrange, échange entre

Musset et George, est
Une
Salve de
Sanglots, en
Ecume de
Tendresse, un

Abandon de

Générosité partagée
Entre
Outrances, et
Rencontres de
Génie
Eblouissants.

Sand, grande
Amoureuse
Nanti de riches sentiments,
Déchaînait

Les
Envies
Sans

Avoir à
Cacher les
Raisons, elle
Obéissait
Sans façon avec
Talent
Intelligence de
Cœur, au
Hasard des rencontres ou
Emanait toujours la
Surprise.

Objectait
Nonobstant

Ensuite,
Toujours, que les
Envolées

D'amour
Emérites, émerveillait
Sa sagacité et

Son sang,
Encor que
Chaque
Rendez vous
Expliquait un
Talent
Semé, constellé

De défis,

Ainsi
Musset,
Objet de ses
Utilités, comme leurs
Rapports déchirés.

Magie
Inspirée de
Galanteries,
Nourries,
Obnubilés
Noble,
Nectar de ses
Envies, il en

Acceptait
Les
Larmes les
Offenses,
Nées de son
Sein.

Voluptueux
Opulent,
Impertinente
Réalité

Amoureuse non
Utopique de ces

Bacchanales
Obstinées, ondoyantes
Illuminées de
Souvenirs.

Sand
Incroyablement

Lucide avec
Alfred, tente le

Raisonnement
Obligé
Soucieuse de ses
Ebullitions

Ensemble,
Se chérissant
Tant en écriture

Et en
Célébrité
Lubrique lascive
Offrande
Savoureuse à
Eblouir leur siècle.

De Musset à George Sand, les acrostiches ont été des secrets d'amour, « mignonne allons voir au bois voir si la rose est éclose… »

Tautogramme 2
(Loraisne et l'Iliade)

La vie fait
Luire en nous
Les lampions
Légitimes et
Langoureux des
Lucides envies, sous
La clarté de
La lune rousse je
Lisais
L'Iliade et
L'odyssée.
Lentement je
Laissais aller
La légende à
L'origine historique de
La vie antique.

Lauraisne dans un
Long sourire
Lu
Lentement deux
Lignes d'Homère sur.
La liberté et
L'honneur d'une famille.
La liberté exlue
L'esclavage,
L'honneur mérite
L'estime dans la dignité.dit elle.

La nuit
Limpide finissait à
La lisière du jour, je
Louais
L'amie, lettrée.

Le meilleur du temps

Quand le présent me sourit
Chaleureusement
Le passé s'évanouit.

Je plonge savoureusement
Dans un temps meilleur
Assez rapidement.

Pas à pas avec chaleur
Sans ne plus perdre
Pied, je vais de meilleur

En meilleur, mordre
La vie et son passé
Jusqu'à le fondre

Dans un présent, moulé
Dans l'airain
Des temps oubliés

De ces jours malins.
Passer la nouvelle année
Main dans la main.

Chaque journée
Différente, très chère
D'espoir présumé.

Ni sanglots, ni colère
Au fruit du temps
Ni surprises amères.

Je m'ouvre au temps
Présent de mes ans
Pour le temps des temps

Sans compter le temps
Restant
A vivre le meilleur vent.

Vœux 2006

Je t'offre
Ce parfum
De rose,
Cultivé pour toi,
Oh si peu de chose !

Je le confie
Au vent opportun,
Pour ton grand plaisir
Te connaissant
Le goût
Et le désir,
Les plus fous
Comme les plus doux.
D'aimer les fleurs.

Les années, défilent
Sur les chemins
Difficiles
De la vie
De mon jardin
Secret, acceptes ces
Roses et Orchidées,
Aux senteurs anticipées
D'une bonne année

Laissant
Au temps, te dire
Ce qu'il y a de meilleur
A t'écrire.

Pensées CLVI à CLXII

Pensée CLVI

La morale ! affaire d'hommes et non de religion.

Pensée CLVII

La justice ! un droit des hommes dont les devoirs découlent

Pensée CLVIII

Les dieux ! une invention humaine

Pensée CLIX

La connaissance ne mûrit pas elle s'apprend

Pensée CLX

Pourquoi vouloir toujours les vieux à sa table. Pourquoi les honorer si tard.. ? Sont ils devenus des vases de fleurs. ?

Pensée CLXI

En France, la création d'entrepise est comme une chair polluée à attirer les vautours. Ailleurs la création d'entreprise est une famille vivante à engendrer des « enfants ».

Pensée CLXII

Il y a ceux qui inspirent et ceux qui n'inspirent pas. Pour ceux qui inspirent, le mensonge est vérité. Pour ceux qui n'inspirent pas, la vérité est mensonge

Méditerranée

Entre continents
Sous soleil d'or, tu brilles
Comme un diamant.
Comme un enfant
Parfois turbulent
En dentelle d'écumes
Et flots d'argents.
Image du sublime

La mer ! miroir
D'étoiles des soirs.
Dans mon âme, le jour
Tu donnes de l'amour
Je plonge dans ta lame
Libre comme toujours
Mon esprit s'en flamme.

Je viens chercher en toi
La fureur sauvage d'amour
Méditerranée sauve moi
De l'empreinte éternelle
Des dieux de L'olympe
Eclaire ma lampe
De l'obsession sempiternelle.

Lumière remuante,
D'une terre vivante,
Où de l'onde jaillit le temps
En étincelles d'or du firmament.

La main

La main
Exprime
Nos sentiments
Imprime
Dans nos cœurs
Tous les bonheurs
Sur parchemin
Les moments
Les plus doux
Les plus fous
Et ceux de l'enfer.

Quand la main
Effleure une autre main
Le frémissement
Du corps entier
A la fièvre
Jusqu'aux lèvres,
Des innocents contacts
Chargés de tacts
Quand les ans
Ont passé, la main
Tremble encor
Des caprices du corps.

La main nerveuse
N'est jamais heureuse
Moite, se crispe,
Et les mots tristes

Sont des larmes,
Aux lèvres, des armes
Quand les doigts
Frissonnent
Le cœur résonne
Parfois d'émois.

La main est l'aveu
Généreux
Des émotions
Du cœur et de la raison.

Un rue Masséna
(Maréchal de France sous Napoléon)

Mon quartier
Le mourillon
La rue ou je suis né
Le plus beau de Toulon
Aujourd'hui bien changé.
En angle du boulevard
Bazeilles, je me souviens
Sur le boulevard
Des chevaux de la caserne
Du quatrième colonial.
Régiment de sénégalais
Au visage balafré
Et aux dents d'ivoire.

En face de ma rue
Le clairon sonnait
L'extinction des feux
Onze heure trente
« Tiens voilà du boudin »
Me levais tous les matins
Au son du « soldat lève toi »
Le régiment était composé
De français
Et de sénégalais

Rentrant des manœuvres,
La troupe harassée et fourbue
Drapeaux et tambours

En tête, au pas cadencés
Jouait « Sambre et Meuse »
Jusqu'à l'entrée de la cour.
Ont les applaudissaient
C'était un moment chargé
D'émotions heureuses

Aux heures de quartier
Libre, la caserne se vidait.
Les officiers allaient
Au manège du polygone
Faire sauter et galoper
Chevaux et cavaliers.
Avec papa nous allions
Jusqu'à l'hippodrome.
Les voir tourner
Comme sur un vélodrome
Fier comme Artaban
Ils tournaient, tournaient
Des heures durant.

Les soldats sénégalais
Rentraient souvent noir
Non de peau, mais
Revenant de « l'abreuvoir »
Ne manquait pas de pisser
Contre le grand mur
Qui nous séparait de la caserne
A vous dire la vérité,
A l'âge de ma puberté
J'étais intrigué de voir
Ces magnifiques noirs

Tenir un « manche à balai »
Dont il ne se gênait
Guère d'en exhiber la vigueur
Le mur de la caserne
Conservait leur bonheur...
Le mini trottoir ruisselait
De pisse orange venue d'ailleurs
Dans ma rue, pas d'oiseaux
Que des beaux soldats.
En burnous et Chéchia.

Je me souviens de ma rue
Ou j'ai passé ma jeunesse
Chère à mon cœur, ému
De la revoir aujourd'hui
La caserne a disparue
La « brabançonne » s'est tue
Le sénégalais chez lui
Chevaux, soldats évanouis
«Pleure ö pays bien aimé »
Suis resté l'enfant de ma rue.

Peut être inconsciemment
Suis resté Imprégné
De cette époque
De douceur ou la vie avait
La logique de la simplicité
D'une nature heureuse
Et très harmonieuse.

L'agressivité de la société
Me heurte, j'en ressens
Les effets différents
Avec les adolescents
Comme avec les adultes
Me rebelle, au fond de moi
Suis resté cet enfant culte
De la rue Masséna, droit
Naïf, croyant à la sincérité
Des mots exprimés comme
Une vérité des hommes.

Je lutte en permanence
Toujours en souffrance,
Conservant cette référence
A ma douce enfance.
Permettez que j'en dénonce
Le souvenir sans outrance
Au seuil de ma déchéance.
Tel a été mon existence.
Tout le reste, en apparence,
N'est que différence.

Le temps mémoire

Le temps qui fuit
Construit
La mémoire
De nos désirs
De nos déboires
Comme de nos plaisirs
Le temps qui fuit
Emporte avec lui
Nos souvenirs
Paroles sans voix
Traçant en nos cœurs.
Et nos âmes, le sillon
Où le temps se confond

Il se rappelle
A nos oublies à la pelle
Sans détours, ni regards
Sans mots, sans fard
Souvenir vivant
Du temps qui passe
En mémorise la trace
Le temps s'en va.
De l'illustre poète
En notre âme, tempête.

Vengeance ?

(Suite de L'aveu. V 07)

J'ai donné là, la pensée
Profonde qui m'habite.
Je dois aussi faire une suite
Pour dire toute la vérité.

J'ai lu, et vu le film sur le
Comte de Monte-Cristo
D'Alexandre Dumas, le
Dénouement pourrait, oh !

Je le sais bien, un peu
Ce que j'aurais voulu
Soulager mon âme perdue
Du mal qu'elle souffre un peu

Avoir un esprit de vengeance
Qui en permanence s'agite
En moi, de cette présence
Qui me ronge, et me dépite.

Soulager ces vains souvenirs
Par une vengeance à venir
En trouver l'exutoire sans mal
De la prime jeunesse de cristal

Le drap sur la tête, pourquoi ?
Jeunesse perdue, pourquoi ?
La seconde guerre, pourquoi
Les mauvais juifs, pourquoi ?
La famille éclatée, pourquoi ?

Vengeance ! tu n'es pas, hélas
Dans mes gènes, la nature
M'a construit en blessures
Sans vengeance, en pater familias.

Demain dira...si

Toi ! Qui croyais
En moi,
Et moi !
Qui voyais
En toi l'amour,
Savons ensemble
Qui de nous
Ressemble
Le plus
A l'amour de nous.

De ce qui
A vécu de toi !
Ou de moi !
Demain dira, si

De moi
Ou de toi
Nos pensées
Ont été les plus chères
En nos cœurs,
Ou les moins amères
En notre âme,
La flamme
Du vécu
Des jours et des jours
Ensemble
De toi ou de moi

Demain dira, si
Le temps
A l'éternité en amour
Du temps perdu.

Demain dira, si
Ce qui a demeuré,
Des jours
Les plus doux,
En mémoire de nous,
Y est toujours…

Demain dira si…

Le temps d'antan

Le temps de jadis
Avait de beaux printemps,
Avec hirondelles.
Des étés fleuris.
Avec des demoiselles
Sous ombrelles.
Des automnes colorés
Avec plein d'oiseaux
Les platanes chargés
De joyeux moineaux
Les temps si doux d'antan.

Je me souviens
Des magnifiques journées
Je n'en retrouve plus rien,
La nature a perdu sa vie.
Les fleurs fanent plus vite
Les oiseaux ne chantent plus
L'hirondelle a disparue
Et mon âme triste médite
Aux saisons à jamais perdus

Quand les matins, ouvrant
Ma fenêtre je regarde la nature
C'est un bonheur de misère tant
L'image est de blessure.
La terre a bien changé
L'humanité s'en est chargée.
La planète ! une beauté
Un verger magnifique coloré.
Empoisonnée, martyrisée
Pour elle, je cris assez, pitié.

Intégration et racisme

Pour comprendre « intégration, et racisme » prenons en exemple une bonne poignée de riz. Nous savons qu'il existe diverse origines de culture de riz, noir indien, brun Thaïlandais, blanc d'Asie ou de Camargue voire du sauvage

Mélangeons au riz blancs, quelques autres grains blancs provenant de continents différent, d'Asie par exemple, la masse de notre plat de riz conservera donc sont aspect naturel, c'est à dire blanc..

Ramenons cette image à la société humaine chaque grain de riz représentant l'homme, la quantité la foule, vivants ensembles suivants les activités de chacun.

L'intégration, est totale, à l'exception comme dans toute société quelques **« grains »** pouvant en perturber l'équilibre facile à résoudre, la loi, s'y applique.

Dans cet exemple, « riz, homme » même origine, même culture l'intégration s'est bien passé souvenons nous des Italiens, des Polonais, etc..

Mélangeons une autre poignée de riz noir, ou brun en apparence ce mélange présente la même homogénéité que précédemment. Sauf, si plusieurs grains de cet addition présentent des anomalies pouvant dégrader la composition initiale, sans tenir compte des couleurs, nous en retirerons les mauvais grains pour épurer le mélange.

C'est ce qu'on appelle **« un tri »** comme nous le ferions pour des lentilles

En rapportant cette image insolite aux sociétés démocratiques ayant un besoin économique de main d'œuvre deux notions naturelles apparaissent

La notion d'intégration
La notion de racisme

Les hommes constituant ce « **mélange** » des races, (blanche, jaune, rouge, noire) selon la définition d'antan, nous dirions aujourd'hui un mélange de culture..

La notion « **d'intégration** » commande et résulte à deux responsabilités pour un équilibre parfait

Celle des politiques, savoir recevoir
Celle des émigrés savoir accepter règles et
lois démocratiques du pays qui reçoit.

Intégration totale comme dans l'exemple riz, tous les « grains » s'homogénéisent parfaitement.

La notion de « **racisme** » prend un caractère racial dans le choix d'expulsion arbitraire (comme pour le mauvais grain de riz..) évoquée si l'entrée est clandestine c'est à dire non accepté par le pays étranger pour améliorer son tissu économique.

Dans les sociétés démocratiques modernes, le mélange des cultures est un apport important pour le développement tant scientifique que culturel à l'exception des religions dont la pratique d'origine reste propre à l'individu et seulement dans sa vie privée sans interférence avec la démocratie du pays ou il a choisi de vivre.

L'ingérence religieuse dans la vie publique est contraire aux lois républicaines et laïques - de la France - a l'occurrence, est non seulement un racisme « religieux » comme un refus manifeste d'intégration de l'émigré.

Les règles et les lois de la société qui accueille doivent être une acceptation incontournable, au risque d'en perturber l'équilibre social.

Dans tout mélange il peut y avoir quelques « pailles » quelques « grains » à retirer ne pouvant ou ne voulant s'intégrer pour vivre dans une société multiraciale.

Le « tri » arbitraire engendre la notion de racisme.

Une société d'hommes de différentes couleurs, animés du désir de devenir citoyens du monde mélangeant culture initiale et démocratie nouvelle ne peut réussir que si :

- Le politique fait preuve d'intelligence…
- L'émigré développe sa culture intellectuelle.
- La religion reste une affaire privée

Sans ses trois conditions **« l'émigration et le racisme »** sont un échec certain.

Dans l'émigration magrébine actuelle nous assistons à l'utilisation : d'esprits incultes par quelques « politico-religieux » pour soulever, à leurs profits des vagues de protestations au non du pouvoir religieux, et le politique, pour des résultats électoraux, il ne peut y avoir qu'affrontement…

Nous conclurons

« Mieux on connaît, mieux on aime.. » *V. Hugo*

La chinoise
(une amie Aline)

Un cœur généreux
Aux yeux bridés
Au fond des yeux
Une âme débridée

De l'orient, en connaît
La magie du regard
Sans y être née jamais,
En a hérité le teint blafard.

Petite sœur de cœur
Il suffit d'un mot rieur
A l'amie de chaleur
Pour aimer sa pudeur

Son âme respire la vie
De vivre en cœur
Avec amis, et l'envie
Qui l'habite du meilleur.

On la nome « la chinoise »
Par affection très câline
La petite femme varoise
Se nome gentiment Aline.
A demi « Cambodgienne »
Orientale dans ses gènes
De ses origines lointaines
Sait aimer sans haine.

Constat de fin de vie

Je mange
Et je m'allonge
Je dérange
Et je songe
Je me couche
Sur ma souche
Le ballet recommence
Sa danse
De semaine en semaine.

Tel est la fin de vie
Que je mène
Pour une survie.
Ainsi le temps passe
Je trépasse
De jour en jour,
Tous les jours
Je m'interroge
Je replonge
Dans ma solitude
Avec certitude
Sans espoir
D'un clair matin,
Aussi certain
Que la misère
Est au repère
Tous les soirs.

Je mange
Et je m'allonge,
Je dérange
Et je songe,
Je me recouche
Sur ma souche,
Plus rien ne bouge
Je vais en songe
Finir la danse
Des gens heureux
Sans eux.

L'escapade de Tito

Tito
Est un petit chien
Aussi beau
Qu'il est malin.
Sorti un soir
Fleurir les trottoirs.

Grisé de liberté
S'en est aller
Par les chemins
Courir la «patentène»
Et sans gène
S'égare
D'arbres en arbres
Offrant son curriculum
En sublime parfum.

Mais la liberté
Pour les petits chiens
Sur routes et chemins
Est limitée.
On y rencontre
Maréchaussée
Et fourgon bleuté.

La rue !
N'est pas liberté
Pissé
Partout
Mène tout nu
Au trou.

Post mortem chats

BB chat
Aimait la vie,
Sortir,
Visiter
Jardins et enclos,
Puis venir
Se prélasser
Sur son tabouret favori
S'enroulant sur le dos
La tête enfouie
Dans ses petites pattes
Ignorant les chattes.
Je l'aimais,
Tant il était câlin.
Une peluche
La coqueluche
De mes matins.

Triste,
Une flamme
S'est éteinte dans mon âme.
A jamais
Il a perdu sa piste.

Félix,
Né d'une princesse
N'avait de cesse
De s'évanouir
Les nuits,

Cherchant fortune
Sous la lune
Revenant
Aux heures matinales
Terminer sa nuit
Magistrale
Sur mon cœur
Recherchant
Ma complaisance
Dans l'aisance.
D'un ultime bonheur
Final.

Ses yeux,
D'agates bleues
Au regard profond
Tel un sphinx
Fixant l'horizon.
Doux, muet,
Discret
Royalement
Charmant
Il aimait
Quand je plongeais
Ma main
Dans sa fourrure
Si pure

Je pleure
Ma pelote blanche
En ma demeure
Vide
Mon âme est livide

Ensemble
Mystérieusement
Disparus
Je ne sais,
Ni pourquoi, ni comment.
Ce que je sais,
J'ai perdu
Deux bons amis
A jamais,
Au restant
De ma vie.

Un songe étrange

Je fais parfois
Un songe étrange
Je l'avoue, m'a fois
Il me dérange
Je songe à une femme
Dont le charme
Ne m'est pas inconnu
Dans l'instant tout au plus.

Elle ravive une flamme
Dans mon âme
Et dans mon cœur percé
Fait revivre le passé.
Mon front est en moiteur
Tant saigne mon cœur
Elle seule a le sourire
Pendant que moi je transpire
Satisfaite de la rencontre
Dans la nuit des ombres.

Un rire résonne au loin
Brune, parfois blonde
Comme jadis assez ronde
Dans la nuit prend ma main
Encor, je m'en souviens.
Son éclatant rire
Flou dans le songe m'éveille
Là, il faut que je respire.
Son regard est pareil

A une statut de miel
J'ai fait un étrange songe
Les souvenirs se sont tus.
Comme les mensonges.

Dans le lointain j'ai entendu
Une voix chère à mon cœur
Crier à regrets dans un écho
Comme un beau cadeau

« J'ai perdu un vrai bonheur »
« Pour un peu de pierres »
« Pardon pour cette misère »

Les songes sont étranges parfois..

Hoàng

L'enfant est né
Fruit de l'amour
Et de l'orient
La joie, éclaire
Les yeux de la mère,
Et de bonheur
Le cœur
Du père
Une famille est née.

Avec lui
Tous, au pied du lit
Prédisent à l'avenir
De l'enfant du désir,
Au sourire si doux
Déjà un signe de l'orient
Pour sa maman.
Qu'il nommera un jour
D'affection et d'amour
Toi ma jolie bambou.

Un jour
Je chanterai
J'écrirais
Pour vous
Et par amour.
Je suis fils d'orient
Et d'occident

Mon cœur en occident
Mon âme en orient
Je suis jaune
Je suis blanc
Je me nomme
Hoàng Boudon-Nguyen
Et vietnamien
Qu'on me pardonne
Je vous aime.

Si j'étais jeune encor...

Si j'étais jeune encor
Je vous dirais
Vous étincelez
Comme une étoile
Au firmament d'Orion
Et sous seriez
Dans mon cœur mignon
Ce qu'ici je dévoile
Ah Si j'étais jeune encor

Je vous dirais
Vous êtes la lumière
De mes jours
L'étoile de mes nuits
Dans l'été de lumière
Pour votre amour
Je reviens en arrière
Un instant, pour une nuit.
J'irais boire vos larmes
A la source de vos lèvres

Oui, respirer
Dans votre belle chevelure
L'air de la capture
Y sentir le parfum du jasmin
Et les roses du chemin.

Dans le bleu de vos yeux
Voir l'océan merveilleux
Et l'amour, et la mer
A la fois, sans orages amers
Ne découvrir que des mots
Sublimes en somme
Moi, le vieil homme
Si j'étais jeune encor, et beau

Bon anniversaire
(Céline)

Il est le temps du temps
Des souvenirs,
Le temps des désirs
Jamais oubliés.
Un temps nouveau,
Celui des cadeaux
Le temps du temps
De tes vingt quatre ans
Celui des généreuses
Folies sur les ailes du vent.
Des joies heureuses
A tous moments
Le temps de l'amour
A celui des envies
Au vent léger toujours
Resté en mémoire
Du jour, de ce jour.

Je t'invite à boire
A la coupe de la vie,
Au temps provisoire
Du temps qui passe.
Ce sont les heures
D'un moment de l'espace.

L'horloge égrène
Le temps de jeunesse,
Pour le temps qui reste
Des temps d'allégresses
A tes ans, si lestes.

Mon esprit, arbore
Mots et verbes sans limite
Au miroir qui les explores,
Le temps qui passe crépite
Ici et maintenant
Pour les jours qui m'habitent.

Joyeux anniversaire
Succès, tendresse
Chaleureuse atmosphère
Petite princesse.

L'avant pour l'après

Ah !vous vous demandez
Qu'est qu'il va dire
Attendez
Vous allez rire.

Si votre femme
Vous demande viens
J'ai besoin
De ta flamme.
Dans sa tête
C'est un avant
Pour un après
Une sorte de quête.
Elle seule comprend.

Pour vous
C'est un bon moment
Faisons les fous.
Vous ne doutez de rien
L'amour est en chemin

Et l'après ?

C'est pour l'après midi
Dans un petit coin
De paradis
Vous êtes parti
Content
Que maman
Vous ait donné l'avant.

L'avant ! c'est quoi ?

C'est la préparation
De l'après
Avec vous à la maison
Pour que l'après soit
Folie amoureuse
Préparé par l'avant
De vos envies fougueuses.

Je ne comprends
Rien !

C'est normal !
Vous êtes un avant
Pas un amant
Seul lui comprend
Ce que maman
A donné à l'avant
Pour lui après…

La moralité
De cette histoire
C'est qu'elle est
Dérisoire

L'amant c'est vous
Puisque vous
Etes devant
L'après n'a que le reste
De vos avants.

Merci maman
Des bons moments
Pour ces beaux avants.
Et maintenant
Des après
Permanent

Et si c'était lui dorénavant
L'avant
Et moi l'après…?

Qui sait
Aujourd'hui
Ou demain
Le cocu sera lui
Sans avant.. pour l'après
Et sans ce besoin..

Mort de rire n'est ce pas..

Mon dernier soleil

Sera
Celui
Qui éclairera
La
Nuit
Au
Jour
Qui
Suivra
Le dernier
Jour
De
La
Vie.

Suivra
La nuit
Eternelle
Où
Revivra
La
Vie
Au soleil
Des
Nuits
Sans vie.
Vous
Me croyez

Mort
Je vis
Ici
Sous la dalle
Froide
Réchauffée
Au soleil
Du midi.
Pour
L'éternité
Du temps
Qui fuit
Au soleil
Des vivants.

Espoir déçu

Je viens demain
Matin
Nous irons promener,
Marcher
Sur le sentier des roses
Avant qu'elles écloses.

O ! Quel merveilleux
Moment de roi
D'attendre une venue
Instant joyeux
A partager avec moi
Demain in situ.

Nonobstant le bonheur
L'attente d'une visite
Fait chanter le cœur
Apporte à la nuit
Du temps qui fuit
La vie qui m'habite.
Demain sera moins triste.

Demain je viens enthousiasme
De l'âme.
Jusqu'à l'instant brûlant
Du faux printemps
Qui brise l'espoir.
Demain je ne peux venir.
Une larme goûte

A la fuite du désir.
Evanoui sur la route
Du sentier des roses
Subitement plus écloses
Leur parfum devient amer
C'est à nouveau l'hiver.

C'était déjà demain
Je ne viendrai pas.
Le temps s'écroule
De ce pas
La vie se déroule
A nouveau en solitude
Comme d'habitude.

Dans la réalité de la vie
Nous existons souvent
Par moment
A travers le miroir
Du rêve d'un espoir
Peut être demain sera vérité
Ou réalité.

J'attends une vérité
Sans mensonge
Qui ronge
Cette réalité.
Je n'ai plus assez de mots
Pour des sanglots
J'espère une vérité
A tuer le mensonge
Sans qu'il se prolonge
En espoir déçu
Continu.

Sur un chemin creux

J'errais,
Sur un chemin creux
Semé de verdure,
Je prenais
A témoins la nature
J'allais au hasard
Comme un vieux briscard.

Dans ma pauvre tête
La grande tempête
Des jours douloureux,
Ou l'esprit capricieux
Cherche à se réconcilier
Avec lui même, à se plier
Aux affres de la vie
Pour taire ses ennuis.
Reconsidérer calmement
Les changements
De notre temps.

Suis devenu ce fou passant
Entendant, écoutant
Le temps qui passe
Me lassant des fantaisies
Nouvelles, cruelles de la vie.
Puis observant

Le jeu de lumière
Et des ombres
Sur les pierres
Du chemin
Je sombrai dans un brin
De rêverie.

J'imaginais
Le grand jour où seul,
Encore, j'irais
Vers la dernière
Demeure de pierre
Où les hommes sont tous
Des héros de la vie
Les hommes derrières
Devant, l'ombre et la lumière.

N'est ce pas un grand jour
Pour les vivants
Restant en vie ?
D'exprimer amour et affection
En cette occasion ?
Que n'avons nous pas entendu
Venter les qualités
Du ci-devant
Passant
En ce jour d'escapade...

La promenade
Finissait,
Les oiseaux dans le ciel,
Le ruisseau,
Les papillons, les fleurs,
La vie était de miel.
La joie de nouveau
Etait dans mon cœur
Et pareil
A l'enfant,
J'allais en sifflotant…

Table des matières

Contact : g.sanguinetti@free.fr
Catalogue : http://www.bod.fr

Dépôt légal : Mars 2013
Edition : Books on Demand GmbH,
12/14 rond-point des Champs Elysées, 75008 Paris, France.
Impression : Books on Demand GmbH, Norderstedt,Allemagne.

Photographie de couverture : Promenade de Georges Sanguinetti